Schriftenreihe
der
Juristischen Gesellschaft zu Berlin

Heft 105

W
DE
G

1987
Walter de Gruyter · Berlin · New York

Dieter Reuter
**Die Mitbestimmung als Bestandteil des Normativsystems
für die juristischen Personen des Handelsrechts**

Die Mitbestimmung als Bestandteil des Normativsystems für die juristischen Personen des Handelsrechts

Eine Theorie der Mitbestimmung im Unternehmen nach geltendem Recht

Von
Dieter Reuter

Vortrag
gehalten vor der
Juristischen Gesellschaft zu Berlin
am 21. Januar 1987

W
DE
G

1987

Walter de Gruyter · Berlin · New York

Dr. iur. Dieter Reuter
Professor für Bürgerliches Recht, Handelsrecht und Arbeitsrecht
an der Universität Kiel

CIP-Kurztitelaufnahme der Deutschen Bibliothek

Reuter, Dieter:
Die Mitbestimmung als Bestandteil des Normativ-
systems für die juristischen Personen des Handels-
rechts : e. Theorie d. Mitbestimmung im Unternehmen
nach geltendem Recht ; Vortrag gehalten vor d.
Jur. Ges. zu Berlin am 21. Januar 1987 / von
Dieter Reuter. – Berlin ; New York : de Gruyter,
1987.
(Schriftenreihe der Juristischen Gesellschaft
zu Berlin ; H. 105)
ISBN 3-11-011356-2
NE: Juristische Gesellschaft ⟨Berlin, West⟩:
Schriftenreihe der Juristischen Gesellschaft e. V.

ERNST-JOACHIM MESTMÄCKER
ZUM 60. GEBURTSTAG
IN DANKBARKEIT UND VEREHRUNG

I. Das Problem

„Die politische Auseinandersetzung über die paritätische Mitbestimmung ist dadurch gekennzeichnet, daß keine Seite auch nur leidlich exakte Vorstellungen hat, welche Wirkungen von den eigenen oder fremden Paritätsmodellen ausgehen werden. Diese Ungewißheit beruht nicht auf unzulänglicher Vorbereitung, und sie läßt sich nicht auf die mit jedem neuen Gesetz notwendig verbundene Periode der fortschreitenden Konkretisierung der Rechtsanwendung zurückführen. Die Ungewißheit folgt aus dem in der politischen Diskussion seit geraumer Zeit festzustellenden Einverständnis darüber, die Mitbestimmung als ein sich selbst rechtfertigendes Postulat der Gesellschaftspolitik zu behandeln"[1]. Diese Feststellung Ernst-Joachim Mestmäckers aus dem Jahre 1975 bezeichnet nicht nur die zentrale Schwierigkeit der vergangenen rechtspolitischen Diskussion, sondern auch die des gegenwärtigen Umgangs mit dem geltenden Mitbestimmungsrecht. Nach wie vor erörtert man die Mitbestimmung als einen Wert an sich: Sie gilt als ein Gebot der Menschenwürde[2]; als ihre Ziele werden „die gleichberechtigte und gleichgewichtige Teilnahme von Anteilseignern und Arbeitnehmern an den Entscheidungsprozessen im Unternehmen"[3] und die Ergänzung der ökonomischen Legitimation der Unternehmensleitung durch eine soziale[4] genannt, d. h. die „Ziele" werden durch Aussagen über die angestrebte Intensität und Form der Mitbestimmung beschrieben, anstatt daß man angibt, welche durch das Arbeits- und Sozialrecht nicht hinreichend geschützten Interessen der Belegschaften privatwirtschaftlicher Unternehmen über die Mitbestimmung befriedigt werden sollen. Die wohl h. M. bestreitet die Auslegung und Fortbildung des Mitbestimmungsrechts folgerichtig mit dem Mittel der *Werteabwägung;* praktische Konkordanz zwischen Mitbestimmungs- und Gesellschaftsrecht heißt die Devise[5]. Mitbestimmungsbeschränkende gesellschaftsrechtliche Normen werden nach dem Vorbild der grundrechtsbeschränkenden allgemeinen Gesetze im Lichte der „wertsetzenden Bedeutung" der Mitbestimmungsidee interpretiert[6]; der Einsatz gesellschafts-

---

[1] *Mestmäcker,* Recht und ökonomisches Gesetz, 1978, S. 155.
[2] BVerfGE 50, 290, 350; Bundestags-Drucks. VI/334, S. 18 (Mitbestimmungskommission).
[3] Bundestags-Drucks. VII/4845, S. 1 f. (Ausschuß für Arbeit und Sozialordnung); Bundesrats-Drucks. 200/74, S. 16 (Regierungsentwurf).
[4] BVerfGE 50, 290, 350 f., 360.
[5] *Hanau/Ulmer,* MitbestG, 1981, Einl. Rdn. 54; *Säcker* ZHR 148, 153, 177 f.; kritisch dazu *Martens* ZHR 148, 183, 194 ff.
[6] *Reuter* AcP 179, 509, 527.

rechtlicher Vertrags- und Satzungsautonomie zu Lasten der Mitbestimmung stößt auf Grenzen im ordre public-Vorbehalt (§§ 138 BGB, 241 Nr. 3 AktG), weil man der Mitbestimmung die Qualität einer ordnungspolitischen Grundentscheidung zubilligt[7]. Wie sehr die Resultate einer solchen Werteabwägung vom subjektiven Werterlebnis des Interpreten abhängen, zeigt sich vor allem an den Beiträgen der Autoren mit eindeutigem politischen Standort. Die gewerkschaftliche bzw. gewerkschaftsnahe Mitbestimmungsliteratur ist durchgängig dadurch charakterisiert, daß sie die Ankündigung einer „gleichberechtigten und gleichgewichtigen Teilnahme von Anteilseignern und Arbeitnehmern an den Entscheidungsprozessen im Unternehmen" durch den Regierungsentwurf für die gesetzgeberische Tat nimmt[8]. Wo der Gesetzestext sich dem Ansatz nicht einfügen will, wird er „teleologisch korrigiert": Das Weisungsrecht der GmbH-Gesellschafter in Geschäftsführungsangelegenheiten soll wegen Unvereinbarkeit mit dem Wesen der mitbestimmten GmbH entfallen[9]; das Zweitstimmrecht des Aufsichtsratsvorsitzenden soll sich auf Pattsituationen in für das Unternehmen existenzwichtigen Fragen beschränken[10]; die Pflicht der Aufsichtsratsmitglieder zur Wahrung von Geschäfts- und Betriebsgeheimnissen soll für die Arbeitnehmervertreter im Verhältnis zum Betriebsrat[11], u. U. sogar im Verhältnis zur Belegschaft[12] um einer effektiven Mitbestimmung willen außer Kraft gesetzt sein usf. Dabei beunruhigt nicht, daß die maßgeblich herangezogene Begründung des Regierungsentwurfs den Geltungsanspruch der Mitbestimmung unter den Vorbehalt der

---

[7] *Hanau/Ulmer* aaO (Fn. 5) Einl. Rdn. 40 f.

[8] *Säcker* (ZHR 148, 153, 167) spricht von einer „Reformvorrang- oder Maximierungstheorie".

[9] *Naendrup* AuR 1977, 272 ff.; *Reich/Lewerenz* AuR 1976, 261, 272; *Rosendahl* MitbestGespr. 1979, 199 ff. Ich selbst habe mich für eine rechtsfortbildende Differenzierung der mitbestimmungsrechtlichen Rechtsfolgen je nach personalistischer oder kapitalistischer Struktur der GmbH ausgesprochen und auf dieser Grundlage den Wegfall des Weisungsrechts in der kapitalistischen GmbH postuliert (*Reuter/Körnig* ZHR 140, 494, 509 f.; *Reuter* AcP 179, 509, 543 f.). Diese Thesen fußen jedoch auf einem unternehmensrechtlichen Verständnis der Mitbestimmung, das ich, wie im folgenden begründet werden wird, nicht mehr aufrechterhalte. Entsprechend gebe ich auch die seinerzeitige Auffassung zum Weisungsrecht der GmbH-Gesellschafter auf.

[10] *Föhr*, in Benze u. a., MitbestG 1976, 1978, § 29 Rdn. 10 ff.; *Reich* BlStSoz ArbR 1976, 180.

[11] *Däubler* BlStSozArbR 1976, 184, 186; *Reich/Lewerenz* AuR 1976, 353, 360 f.; *Klinkhammer/Rancke*, Verschwiegenheitspflicht der Aufsichtsratsmitglieder, 1978, S. 46 ff.

[12] *Kittner* ZHR 136, 208, 244 ff.; *Klinkhammer/Rancke* aaO (Fn. 11), S. 48, 49 ff.

„weitgehenden Beibehaltung des geltenden Gesellschaftsrechts" stellt[13].
„Weitgehende Beibehaltung" heißt in dieser Sicht lediglich Beibehaltung,
soweit mit dem Postulat der gleichberechtigten Mitbestimmung verträg-
lich[14]. Die Reaktion darauf ist nicht ausgeblieben. Wichtige Teile der
Literatur propagieren inzwischen den Abschied vom „Wertdenken" im
Mitbestimmungsrecht[15]. Namentlich im MitbestG 1976 sieht man einen
aus politischen Kompromissen entstandenen Torso, dessen Einzelbestimmungen entgegen der vollmundigen, politischen Propaganda viel zu
dürftig und viel zu wenig aufeinander abgestimmt sind, als daß man
daraus eine zur Grundlage für Rechtsfortbildungen geeignete und von
konkurrierenden Rechtsbereichen zu respektierende Wertentscheidung
ableiten könnte. „Weitgehende Beibehaltung des Gesellschaftsrechts"
bedeutet danach, daß die Anwendung und Fortbildung des Gesellschaftsrechts sich um den Geltungsanspruch der Mitbestimmung nicht zu küm-
mern braucht, es sei denn, sie kollidiert direkt mit Einzelbestimmungen
des MitbestG[16]. So wird es für zulässig gehalten, daß die Zuständigkeit für
die Dienstverträge der Vorstands- bzw. Geschäftsführungsmitglieder im
Fall der AG in einen Aufsichtsratsausschuß ohne Beteiligung von Arbeitnehmervertretern verlagert[17] und im Fall der GmbH der Gesellschafterversammlung vorbehalten wird[18]. Um befürchtetem Geheimnisverrat von
Arbeitnehmervertretern vorzubeugen, sollen zur Kontrolle des Vorstands
notwendige Informationen auf Aufsichtsratsausschüsse mit ausschließli-
cher Anteilseignervertretung beschränkt werden können[19]. Satzungsrege-
lungen im Widerspruch zu mitbestimmungsrechtlichen Vorschriften gelten zwar als rechtswidrig, nicht aber als wegen Verstoßes gegen das
öffentliche Interesse nichtig im Sinne des § 241 Nr. 3 AktG, so daß die
Arbeitnehmerseite mangels Anfechtungsbefugnis (§ 245 AktG) ohnmäch-
tig zusehen muß, wie diese Regelungen geheilt und bestandskräftig werden[20] usf. Kein Wunder, daß man angesichts solcher, die Mitbestimmung

---

[13] Bundesrats-Drucks. 200/74, S. 16.
[14] Vgl. auch schon *Säcker* ZHR 148, 153, 167 f.
[15] *Canaris*, DB-Beil. 14/81, S. 1 ff.; *Mertens*, Die AG 1981, 113, 128 ff.; *Rittner*
AcP 183, 295 ff.; *Zöllner*, Die AG 1981, 13 ff.; grundlegend *Martens*, Die AG
1976, 113 ff.; etwas einschränkend ders. ZHR 148, 183 ff.
[16] *Canaris*, DB-Beil. 14/81, S. 2 ff.; *Martens* ZHR 148, 183, 196 f.; *Zöllner*, Die
AG 1981, 13, 15.
[17] *Canaris* DB-Beil. 14/81, S. 15.
[18] OLG Hamburg WM 1983, 130 ff.; *Rittner* DB 1979, 973 ff.; *Werner*, Festschrift für R. Fischer, 1979, 821 ff. Der BGH (BB 1984, 9 ff.) hat inzwischen
entgegengesetzt entschieden.
[19] *Canaris* DB-Beil. 14/81, S. 15; *Lehmann*, Die AG 1977, 14 ff.
[20] *Canaris* DB-Beil. 14/81, S. 5 f.; *Hoffmann*, Die AG 1980, 143 ff.; der BGH
(Z 83, 106, 110) hat inzwischen entgegengesetzt entschieden.

objektiv obstruierender Ergebnisse dem von ihren Urhebern erhobenen Anspruch eines unpolitischen, streng juristischen Umgangs mit dem MitbestG mißtraut[21]. Es mag Situationen geben, in denen Rechtsprechung und Rechtswissenschaft eine gesetzgeberische Schöpfung in Gestalt befremdlicher Anwendungsergebnisse gleichsam zur Nachbesserung (oder Neuherstellung) zurückgeben dürfen, weil die Entwicklung einer sinnvollen Ordnung wegen allzu dürftiger Vorgaben ihre Kompetenz überschreitet. Das BAG ist in neuerer Zeit mehrfach so verfahren, indem es nach eigenem Bekenntnis unbefriedigende Entscheidungen gefällt und den Gesetzgeber zur Schaffung besserer gesetzlicher Grundlagen aufgefordert hat[22]. Ein entsprechender Umgang mit dem Mitbestimmungsrecht muß indessen schon daran scheitern, daß nicht ersichtlich ist, woher der Gesetzgeber die politischen und intellektuellen Kraftreserven für eine Verbesserung beziehen soll. Eine noch sorgfältigere fachliche Vorbereitung und eine noch intensivere politische Auseinandersetzung, als sie dem MitbestG 1976 vorausgegangen sind, lassen sich kaum ausdenken, geschweige denn verwirklichen[24]. Zu überprüfen ist daher nicht die überwiegende Bereitschaft zur *Integration* der Mitbestimmung in das Rechtssystem, sondern die *Methode* der Integration durch Werteabwägung, wie sie das Verständnis der Mitbestimmung als „Wert an sich" provoziert hat.

II. Der methodische Ansatz

Die Zweifel am Verständnis der Unternehmensmitbestimmung als Wert an sich verstärken sich, wenn man sie zum Verständnis der älteren betrieblichen Mitbestimmung in Parallele setzt. Zwar fehlt es auch für die betriebliche Mitbestimmung nicht an ideeller Begründung; Schlagworte wie Abbau der Fremdbestimmung, Demokratisierung des Wirtschaftslebens u. ä. trifft man hier wie dort[23]. Doch handelt es sich dabei um Überbau; der Geltungsanspruch der Mitbestimmung wird durch das „Wohl der Arbeitnehmer und des Betriebs" (§ 2 I BetrVG) und die Konkretisierung dieses Ziels in den einzelnen Mitbestimmungstatbeständen bestimmt. Wo die Reichweite der Mitbestimmung zweifelhaft ist, wägen Rechtsprechung und Rechtswissenschaft ganz selbstverständlich

---

[21] Vgl. dazu *Säcker* ZHR 148, 153, 164 ff.

[22] BAG NJW 1984, 1986; AP Nr. 3 zu § 87 BetrVG 1972 Prämie; kritisch dazu *Reuter* RdA 1985, 321, 324 ff.

[23] Vgl. Bundestags-Drucks. VI/334, S. 18 ff., 65 f. (Mitbestimmungskommission).

[24] Das hat auch das BVerfG (E 50, 290, 334 f.) dem Gesetzgeber bescheinigt.

nicht das Interesse der Unternehmensleitung an Autonomie gegen einen ideellen Wert der Mitbestimmung ab, sondern fragen, welche Mitbestimmungsintensität das *durch* die konkrete Mitbestimmung zu befriedigende Interesse verlangt. So hat das BAG z. B. kürzlich ein Initiativrecht des Betriebsrats im Rahmen des § 87 I Nr. 3 BetrVG (Mitbestimmung bei Kurzarbeit) deshalb bejaht, weil es Zweck des Mitbestimmungsrechts sei, die Arbeitnehmer nicht nur vor Lohnminderungen, sondern auch vor Entlassungen zu schützen[25]. Hätte der Senat den Zweck des § 87 I Nr. 3 BetrVG enger gefaßt, so wäre das Initiativrecht verneint worden, obwohl die betriebliche Mitbestimmung vergleichsweise eine größere Nähe zum Mitgestaltungsanspruch des Arbeitnehmers aufweist als diejenige auf Unternehmensebene. Tatsächlich führt die Mitbestimmung (jedenfalls als institutionelle Mitbestimmung, wie sie im BetrVG und in den Mitbestimmungsgesetzen verankert ist) freilich überhaupt nicht zu einer Mitgestaltung des Betriebs- oder gar des Unternehmensgeschehens durch den einzelnen Arbeitnehmer. Aus gutem Grund haben sowohl die Betriebsratsmitglieder als auch die Arbeitnehmervertreter *freie Mandate*, die sie zum Wohl der Arbeitnehmer *und des Betriebs* bzw. zum Wohl des Unternehmens wahrzunehmen haben[26]. Die periodischen Wahlen vermitteln keinen Einfluß auf die Sache – das Betriebs- und Unternehmensgeschehen –, sondern lediglich auf die zur Ausübung eines solchen Einflusses berufenen Personen. Und das leistet der Arbeitsvertrag für die Leitungsmacht des Arbeitgebers sogar noch besser, kann der Arbeitgeber sich dadurch doch von *allen* Arbeitnehmern „akzeptiert" fühlen, während die Betriebsratsmitglieder und die Arbeitnehmervertreter im Aufsichtsrat im günstigsten Fall eine Akzeptanz durch die Mehrheit der Arbeitnehmer für sich reklamieren können. Gewiß ist es *praktisch* mit der Legitimation der Betriebs- und Unternehmensleitung durch den Arbeitgeber via Arbeitsvertrag nicht weit her, gibt es doch in der Realität eine Vielzahl von Umständen, die die freie Wahl des Arbeitsplatzes und erst recht die Orientierung der Wahl am vorhandenen oder fehlenden Vertrauen in die Unternehmensleitung beschränken. Aber wer daran anknüpft, muß sich fragen lassen, wie es denn mit der realen Wahlfreiheit der Arbeitnehmer bezüglich der Betriebsratsmitglieder oder gar der Arbeitnehmervertreter im Aufsichtsrat bestellt ist. Gerade in den vom MitbestG 1976 erfaßten größeren Unternehmen ist die Persönlichkeitswahl für die Arbeiter und nichtleitenden Angestellten praktisch durch die Wahl zwischen Wahlvor-

---

[25] BAG DB 1986, 1395.

[26] *Hanau/Ulmer* aaO (Fn. 5) § 25 Rdn. 78; *Säcker,* Informationsrechte der Betriebs- und Aufsichtsratsmitglieder und Geheimsphäre des Unternehmens, 1979, S. 51 ff.

schlägen der im Betrieb vertretenen Gewerkschaften verdrängt. Und diese Wahl wird in aller Regel eindeutig von einer Gewerkschaft, nämlich der zuständigen DGB-Gewerkschaft, beherrscht. Zwar gibt es Beispiele dafür, daß sich die Vorentscheidungen der Funktionärseliten im innergewerkschaftlichen Willensbildungsprozeß verändern oder durch die Konkurrenz freier Listen konterkarieren lassen. Doch ist der dazu notwendige Aufwand an Zeit und psychischer Kraft für die beruflich ausgelasteten Arbeitnehmer so erheblich, daß die Hürden insgesamt – vorsichtig ausgedrückt – schwerlich geringer einzuschätzen sind als diejenigen, die einer real freien Wahl des Arbeitsplatzes entgegenstehen. Einen „Wert" kann die Mitbestimmung bei ideologiefreier Betrachtungsweise folglich nicht schon als „Zweck an sich selbst", sondern erst dadurch gewinnen, daß sie einem förderungswürdigen sozialen Zweck außerhalb ihrer selbst dient.

Wie dieser Zweck aussieht, läßt sich mangels brauchbarer Angaben im Gesetzestext oder in den Gesetzesmaterialien lediglich induktiv aus der gesetzlichen Regelung ableiten[27]. Danach muß es sich *erstens* um ein soziales Anliegen handeln, das sich auf Unternehmen in der Trägerschaft juristischer Personen beschränkt oder doch wenigstens dort dringlicher ist als für Unternehmen in der Trägerschaft von Einzelkaufleuten und Personengesellschaften; denn die Mitbestimmung auf Unternehmensebene ist ausschließlich für juristische Personen des Handelsrechts vorgesehen. *Zweitens* muß sich der gesuchte Zweck der Mitbestimmung damit vertragen, daß ihre Intensität für AG, KGaA, GmbH und eG unterschiedlich ausgefallen ist. Was bei Unternehmen in der Trägerschaft von Einzelkaufleuten und Personengesellschaften den Verzicht auf die Mitbestimmung rechtfertigt, wird im Zweifel zugleich die Abschwächung der Mitbestimmung insbesondere im Vergleich von AG und GmbH legitimieren. Schließlich ist *drittens* zu fordern, daß der Zweck der Mitbestimmung samt seinen Konsequenzen sich reibungslos in das Arbeitsrecht und in das Wirtschaftsrecht einfügt. Da der Mitbestimmungsgesetzgeber die Institutionen des Arbeitsrechts nicht angetastet hat, ist von einem Verständnis der Mitbestimmung auszugehen, das weder die Prämissen noch die Funktionsfähigkeit dieser Institutionen in Frage stellt, sondern sie im Gegenteil sinnvoll ergänzt. Ähnliches gilt für das Verhältnis zum Wirtschaftsrecht im weitesten Sinne. Es gibt kein Sonderaußenrecht für mitbestimmte Unternehmen. Wie andere Unternehmen haben sich die mitbestimmten dem wirtschaftlichen Wettbewerb zu stellen; kartellrechtliche Ausnahmebereiche speziell für mitbestimmte Unternehmen sind im GWB

---

[27] Zur methodischen Grundlage des Vorgehens bereits *Reuter*, Der Sozialplan – Entschädigung für Arbeitsplatzverlust oder Steuerung unternehmerischen Handelns?, 1983, S. 9.

nicht enthalten. Zu den Prämissen des Kartellrechts gehört aber, daß die Unternehmen den Marktsignalen folgen können, und zwar einschließlich der Fähigkeit, unpopuläre Entscheidungen wie den Abbau von Sozialleistungen, Betriebsstillegungen u. ä. durchzusetzen. Wie andere Unternehmen sind die mitbestimmten zur Deckung ihres Risikokapitalbedarfs auf den zum Schutz der Anleger gesetzlich reglementierten Kapitalmarkt angewiesen; de facto möglicherweise erleichterte Zugänge zu staatlichen Subventionen haben keine rechtliche Grundlage. Zu den Forderungen des gesetzlichen Anlegerschutzes zählt aber, daß die Anleger mit einer Verwaltung und Nutzung des hingegebenen Kapitals rechnen können, die ihren Interessen entspricht. Die Sorgfalt eines ordentlichen und gewissenhaften Geschäftsleiters (§§ 93, 116 AktG) ist Maßstab für das Verhalten der Unternehmensleitung, gleichgültig, ob sie einer nicht mitbestimmten oder einer mitbestimmten AG vorsteht. Man mag gegen einen solchen *institutionellen* Ansatz – d. h. gegen die Ausrichtung des Auslegungs- und Rechtsfortbildungsbemühens an einem Verständnis der Mitbestimmung, das sich in das auf Unternehmen bezogene bisherige Normenprogramm sinnvoll einfügt – einwenden, dadurch werde das Reformgesetz in den vorhandenen Rechtszustand einplaniert, obwohl es doch die Absicht des Gesetzgebers gewesen sei, den Keim eines *neuen* Unternehmensrechts zu pflanzen. Anklänge dazu finden sich etwa bei Säcker, wenn er von einer „Kollisionslage zwischen gesellschaftsrechtlich fortbestehender Satzungsautonomie und mitbestimmungsrechtlichem Sozialordnungsrecht" spricht[28]. Noch deutlicher wird Ulmer: Der Regelungsgehalt des MitbestG soll es gestatten, in ihm „einen – wenn auch unvollkommenen – Teil des im Entstehen begriffenen Unternehmens-(verfassungs-)rechts zu sehen"[29]. Indessen: Selbst wenn man einmal unterstellt, der Gesetzgeber habe eine Sinnentfaltung des Mitbestimmungsrechts im Auge gehabt, die sich in einer Zusammenschau der spezifisch mitbestimmungsrechtlichen Regelungen oder – wie wohl Säcker[28] meint – des Arbeitsrechts einschließlich des Mitbestimmungsrechts erschöpft, so erwüchse daraus keineswegs ein Verbot oder auch nur eine Freistellung vom Gebot der Abstimmung des Mitbestimmungsrechts auf sämtliche den Lebenssachverhalt Unternehmen betreffenden Rechtssätze. Gewiß *kann* der Gesetzgeber eine derartige Abstimmung verhindern, indem er einen Sinn des Reformgesetzes verbindlich macht, der die Integrationsfähigkeit des bisherigen Normenprogramms überfordert. Es ist dann eine Frage der Toleranzgrenzen des rechtsstaatlichen Gebots der Systemgerechtigkeit, ob die Wirkungswidersprüche die Verfassungswidrigkeit des Gesetzes nach sich ziehen

---

[28] ZHR 148, 153, 175 f.
[29] *Hanau/Ulmer* aaO (Fn. 5), Einl. Rdn. 6.

oder nicht[30]. Aber verbindlich wird die Sinngebung des Gesetzgebers nicht schon durch Äußerungen im Gesetzgebungsverfahren. Vielmehr muß sie sich im Gesetz selbst widerspiegeln, wird doch sonst das rechtsstaatliche Wirksamkeitserfordernis der Verkündung von Gesetzen zur Farce[31]. Das Mitbestimmungsrecht allein läßt nun sicher – insoweit ist den Anhängern der These vom Torsocharakter des MitbestG 1976 zuzustimmen[15] – ein als Richtlinie für die Auslegung und Rechtsfortbildung geeignetes Verständnis der Mitbestimmung nicht erkennen[32]. Zu widersprechen ist den Vertretern dieser Auffassung nur deshalb, weil sie zu Unrecht die Konkretisierung der „Mitbestimmungsidee" vernachlässigen, die sich insbesondere aus der „weitgehenden Beibehaltung des geltenden Gesellschaftsrechts", bis zu einem gewissen Grade aber auch aus der „Beibehaltung" des Arbeitsrechts und des Wirtschaftsrechts ergibt.

III. Mitbestimmung
unter „Beibehaltung des Gesellschaftsrechts"

1. Die Besonderheit der Unternehmensträgerschaft juristischer Personen und ihre mitbestimmungsrechtliche Bedeutung

Es kennzeichnet die derzeitige mitbestimmungsrechtliche Diskussion, daß man mit der Beschränkung der Mitbestimmung auf Unternehmen in der Trägerschaft juristischer Personen wenig anzufangen weiß. Schon die Sachverständigenkommission zur Auswertung der bisherigen Erfahrungen bei der Mitbestimmung hat sich damit schwer getan. Ihre diesbezügliche Empfehlung beginnt mit der Feststellung, die sozialen Voraussetzungen für eine institutionelle Mitbestimmung seien auch bei großen Unternehmen in der Trägerschaft von Einzelkaufleuten und Personengesell-

---

[30] Vgl. dazu *Wank*, Grenzen richterlicher Rechtsfortbildung, 1978, S. 188 ff.; ferner *E. Meyer*, Grundzüge einer systemorientierten Wertungsjurisprudenz, 1984, S. 101 f., 114 f.

[31] *Koch/Rüßmann*, Juristische Begründungslehre, 1982, S. 190 f.

[32] A. A. *Säcker* ZHR 148, 153, 175. Entgegen *Säcker* gibt aber das Anliegen, „die Arbeitnehmer über den Aufsichtsrat an den obersten personellen Führungsentscheidungen der Unternehmenseinheit sowie an der effektiven Kontrolle der Unternehmensleitung teilhaben zu lassen", (159) allenfalls die Richtung („Süden") an. Das Ziel („Rom", 173), d. h. die genaue Reichweite bleibt wegen der im Gesetz angelegten Relativierungen unklar, solange man es versäumt, diese Relativierungen in die Zielbestimmung zu integrieren.

schaften erfüllt. Das Hindernis erblickt sie ausschließlich in den in ihren Auswirkungen kaum abschätzbaren strukturellen Veränderungen der Eigentümerstellung, die mit der Mitbestimmungspflichtigkeit auch solcher Unternehmen verbunden wären. Insbesondere soll die Mitbestimmung mit der unbeschränkten Unternehmerhaftung und der Unternehmensleitung durch die Eigentümer unvereinbar sein. Gleichsam zum Trost verweist die Kommission abschließend auf die relativ geringe Zahl der in Einzel- und Personengesellschaftsunternehmen der mitbestimmungspflichtigen Größenordnung beschäftigten Arbeitnehmer[33]. Dieser Argumentationshaushalt ist bis heute im Kern unverändert. Daher verwundert es nicht, daß das große Einzel- und Personengesellschaftsunternehmen den Befürwortern der Mitbestimmung nach wie vor als „Irredenta" gilt. Die Mitbestimmungsfreiheit von Einzel- und Personengesellschaftsunternehmen soll nicht von einem begrenzten inhaltlichen Anspruch der Mitbestimmung, sondern davon zeugen, daß „noch viel zu tun ist"[34]. Für die Gegner der Mitbestimmung ist die Unvereinbarkeit der (paritätischen) Mitbestimmung mit der Unternehmensträgerschaft von Einzelkaufleuten und Personengesellschaften umgekehrt ein Beleg für ihre Unverträglichkeit mit einer privatrechtlich organisierten Marktwirtschaft, woraus man die Forderung ableitet, sie de lege ferenda abzuschaffen und de lege lata auf „kleiner Flamme zu kochen"[35]. Demgegenüber eröffnet sich die Chance einer plausiblen Erklärung der unterschiedlichen Behandlung von Einzelkaufleuten bzw. Personengesellschaften und juristischen Personen – und damit zugleich die Aussicht auf eine „Sinnerhellung" der Mitbestimmung nach geltendem Recht –, wenn man die mitbestimmungsrechtliche Sonderbehandlung der juristischen Person einmal in Beziehung zu setzen versucht zu Eigenart und Begründung der Sonderbehandlung, die die juristische Person in anderen Rechtsbereichen erfahren hat und noch erfährt. Daß die Rechtsordnung juristische Personen mit Organisationsauflagen belastet, die sie natürlichen Personen und Personengesellschaften nicht zumutet, ist nämlich keineswegs ungewöhnlich. Spätestens seit den Anfängen der Neuzeit hat man es stets als Problem empfunden, daß die juristische Person sich als „überindividuelle Wirkungseinheit"[36] zwischen die in ihr handelnden natürlichen Personen und die staatlich organisierte Gesellschaft schiebt. Denn dadurch geht die

[33] Bundestags-Drucks. VI/334, S. 114 ff. (Mitbestimmungskommission).
[34] *Kübler*, Gesellschaftsrecht, 2. Aufl. 1985, S. 410; *Nagel*, Unternehmensbestimmung, 1980, S. 162 ff.
[35] Bundestags-Drucks. VI/334, S. 173 (Stellungnahme Dres. *Erdmann, Heintzeler, Kley*).
[36] Vgl. dazu *Rittner*, Die werdende juristische Person, 1973, S. 210 ff.

individuelle Zurechenbarkeit des Verhaltens in der Gesellschaft und gegenüber dem Staat mehr oder weniger weitgehend verloren. Gesellschaft und Staat können die Handelnden hinter dem Schleier der juristischen Person nicht mehr klar identifizieren. Entsprechend schrumpft die Möglichkeit, sie zur Verantwortung zu ziehen, wenn und soweit sie qua juristische Person gegen die Verhaltensanforderungen der staatlich organisierten Gesellschaft verstoßen. Umgekehrt entwickelt sich im gleichen Maße, wie die externe Verantwortlichkeit abnimmt, eine interne Verantwortlichkeit für Illoyalität gegenüber den Zielen der „überindividuellen Wirkungseinheit", die ihrerseits durchaus nicht notwendig mit der Wertordnung von Staat und Gesellschaft übereinstimmen und daher u. U. sogar gegenläufiges Verhalten herausfordern[37]. Die französische Revolution hat daraus die Konsequenz gezogen in Gestalt des Verbots der loi Chapelier, „den Bürgern ein intermediäres Interesse einzuflößen und sie durch Korporationsgeist von den Angelegenheiten der Öffentlichkeit zu entfernen"[38]. In Deutschland dominiert im 19. Jahrhundert zunächst uneingeschränkt das Konzessionssystem: Die Begründung der juristischen Person bedarf der staatlichen Genehmigung; ihr Dasein und ihre Betätigung stehen unter staatlicher Aufsicht[39]. In der zweiten Hälfte des 19. Jahrhunderts tritt an die Stelle des Konzessionssystems das Normativsystem, d. h. der Versuch, die juristischen Personen durch zwingende gesetzliche Anforderungen an ihre Organisation, an die Kompetenzverteilung zwischen den Organen und an die Transparenz ihrer inneren Verhältnisse auf Konkordanz mit dem öffentlichen Interesse festzulegen[40]. Es hängt mit Wandlungen im Verständnis des öffentlichen Interesses zusammen, daß sich der Schwerpunkt dieser gesetzlichen Bemühungen seit den Anfängen des Normativsystems verlagert hat. Die in der ersten Phase als Bedrohung für das politische System empfundenen „überindividuellen Wirkungseinheiten" mit politischem und sozialpolitischem Zweck wie Parteien und Gewerkschaften[41] gelten inzwischen als Stützpfeiler der politischen und sozialen Ordnung, denen nicht mit Mißtrauen,

---

[37] Vgl. dazu *Großfeld*, Aktiengesellschaft, Unternehmenskonzentration und Kleinaktionär, 1968, S. 85 ff.; *Ott*, Das Recht und Realität der Unternehmenskorporation, 1977, S. 56 ff.; MK-*Reuter*, BGB, 2. Aufl. 1984, Vor § 21 Rdn. 48.

[38] Vgl. *F. Müller*, Korporation und Assoziation, 1965, S. 76.

[39] *Mestmäcker*, Verwaltung, Konzerngewalt und Rechte der Aktionäre, 1958, S. 18; *K. Schmidt*, Verbandszweck und Rechtsfähigkeit im Vereinsrecht, 1984, S. 63 f.

[40] *Mestmäcker* aaO (Fn. 39), S. 85 (Aufsichtsrat); *Wiedemann*, Gesellschaftsrecht I, 1980, S. 580 (Publizität).

[41] Vgl. dazu MK-*Reuter* aaO (Fn. 37), Vor § 21 Rdn. 49.

sondern mit Vertrauen zu begegnen ist[42]. Folgerichtig sind die ursprünglichen Normativbedingungen insoweit stetig abgebaut worden, und zwar jenseits der spezial-gesetzlich geregelten Parteienverfassung so vollständig und ersatzlos, daß man sich mit gutem Grund fragt, ob da nicht bereits des Guten zu viel getan worden ist[43]. Dagegen hat das Vertrauen auf die dizipiierende Kraft des wirtschaftlichen Wettbewerbs, das die Haltung des Gesetzgebers gegenüber der juristischen Person mit wirtschaftlichem Zweck, namentlich gegenüber der AG, bei der Aufgabe des Konzessionssystems geprägt hat[44], deutlich nachgelassen. Der Schutz der Gläubiger durch die Grundkapitalgarantie ist nicht nur verbessert, sondern darüber hinaus durch eine Vielzahl von Kautelen zum Schutz der Publikumsaktionäre ergänzt worden, hat sich doch schon sehr bald herausgestellt, daß der Wettbewerb auf dem Aktienmarkt gesellschaftsfremde Sonderinteressen der Unternehmensleitung allein nicht hinreichend zu bändigen vermag[45]. Neueren Datums sind Regelungen, die die Transparenz der wirtschaftlichen Verhältnisse der juristischen Personen des Handelsrechts (= der Kapitalgesellschaften) im Vergleich zu Einzelkaufleuten und Personengesellschaften verstärken[46]. Sie entsprechen damit dem gesteigerten Informationsinteresse der von etwaigen Fehlentwicklungen betroffenen externen Personen und Institutionen, das aus dem nach den Worten des BVerfG für die juristische Person des Handelsrechts charakteristischen „Auseinanderfallen des Gebrauchs des Eigentums und der Verantwortung für diesen Gebrauch"[47] entsteht. Denn wo das – durch Verantwortung gesicherte – Eigeninteresse der maßgeblichen natürlichen Personen an gemeinverträglichen Entscheidungen gemindert ist, wächst tendenziell die Gefahr von Fehlentwicklungen. Die historische Funktion der Publizitätspflicht als Ersatz für die infolge der Aufgabe des Konzessionssystems weggefallene Staatsaufsicht über die juristische Person des Handelsrechts[48] unterstreicht diesen Zusammenhang.

Die auf juristisch personifizierte Unternehmensträger beschränkte unternehmerische Mitbestimmung läßt sich zwanglos als zusätzliches

---

[42] So BVerfGE 50, 290, 374.

[43] Vgl. zusammenfassend *Kübler* aaO (Fn. 34), S. 412 ff. mit umfassenden Nachweisen zum Diskussionsstand.

[44] Vgl. *Auerbach*, Das Gesellschaftswesen in juristischer und volkswirtschaftlicher Hinsicht unter besonderer Berücksichtigung des allgemeinen deutschen Handelsgesetzbuches, 1861, S. 197.

[45] Vgl. *Wiedemann* aaO (Fn. 40), S. 477; *Mestmäcker* aaO (Fn. 39), S. 18 f.

[46] Selbst die „rechtsformunabhängige" Publizitätspflicht nach dem PublG privilegiert die Einzelkaufleute und Personengesellschaften (kein Geschäftsbericht). Vgl. insgesamt den einprägsamen Überblick bei *Kübler* aaO (Fn. 34), S. 253 ff.

[47] BVerfGE 50, 290, 348.

[48] Vgl. *Wiedemann* aaO (Fn. 40), S. 580.

Element des Normativsystems für juristische Personen des Handelsrechts einordnen, dessen Rechtfertigung sich daraus ergibt, daß man heute von einer Unternehmensleitung nicht allein eine wirtschaftlich vernünftige Politik, sondern darüber hinaus Rücksicht auf die sozialen Belange der Belegschaft erwartet. Diese Erwartung ist grundsätzlich in ausreichender Weise sozial sanktioniert. Wer sie enttäuscht, bezahlt dafür mit Einbußen an seinem Ansehen in der unternehmensexternen und vor allem in der unternehmensinternen Öffentlichkeit. Das erlaubt es, für die Sicherung der sozialen Belange der Belegschaften ähnlich auf das Eigeninteresse der Unternehmer zu setzen wie für die Sicherung der Gläubigerinteressen: Da der Ansehensverlust im Zweifel nicht weniger schmerzt als der Vermögensverlust, darf man regelmäßig ebenso ohne institutionelle Schutzvorkehrungen mit der sozialen Gutwilligkeit der unternehmerischen Entscheidungen rechnen wie mit ihrer ökonomischen Vernünftigkeit. Nicht zufällig hat bereits die Sachverständigenkommission zur Auswertung der bisherigen Erfahrungen bei der Mitbestimmung in ihren Anhörungen „den Eindruck gewonnen, daß das Denken in sozialen Konsequenzen betrieblicher oder unternehmenspolitischer Entscheidungen inzwischen (unabhängig von institutioneller Mitbestimmung) zum Allgemeingut unternehmerischen Verhaltens geworden ist"[49]. Erst wenn und soweit die Personen als letzte Bezugspunkte der Verantwortlichkeit hinter Organisationen verschwinden, bedarf es der mehr oder weniger intensiven *Institutionalisierung eines „sozialen Gewissens" in der Unternehmensleitung.* Eben das mehr oder weniger weitgehende Verschwinden der Personen hinter den Organisationen kennzeichnet den Willensbildungsprozeß der Leitung von Unternehmen in der Trägerschaft juristischer Personen. Die soziale Mißbilligung eines Vorstands- oder eines Aufsichtsratsbeschlusses erreicht die einzelnen Mitglieder dieser Gremien allenfalls dann, wenn das eine oder andere als „treibende Kraft" identifizierbar ist. Das aber wird in der Regel nicht der Fall sein, weil die Beratungen im engen Kreis stattfinden und unter dem Gebot der Diskretion stehen. Zusätzlich wird die Personalisierung der Verantwortung dadurch erschwert, daß gerade die besonders wichtigen Entscheidungen in arbeitsteiliger Kooperation der Gremien zustande kommen. Und nicht zuletzt ist zu bedenken, daß man zwar einem Eigentümer-Unternehmer, nicht aber einem angestellten Manager oder Funktionär den besonders schwerwiegenden Vorwurf der sozialen Rücksichtslosigkeit aus *egoistischen* Motiven machen kann: Dem Funktionär bleibt stets die Ausrede, daß er nur seine Pflicht erfüllt, wenn er sich weigert, auf fremde Kosten zum sozialen Wohltäter zu werden. Gewiß gibt es Eigentümer-Unternehmer, die sich durch die Gefahr von

---

[49] Bundestags-Drucks. VI/334, S. 46 (Mitbestimmungskommission).

Einbußen an ihrem sozialen Ansehen nicht beeindrucken lassen, und umgekehrt Unternehmensleitungen von Managerunternehmen, die trotz weitgehender persönlicher Immunität gegenüber sozialer Mißbilligung auf ein gutes soziales Image des Unternehmens bedacht sind. Aber das ändert an dem unterschiedlichen rechtlichen Ordnungsbedarf im Eigentümer- und im Managerunternehmen genausowenig, wie es generell an dem höheren Regelungsbedarf bei Fremd- im Verhältnis zur Eigenverwaltung etwas ändert, daß einige Leute mit fremden Interessen sehr sorgfältig und andere mit ihren eigenen Interessen sehr nachlässig umgehen. In anderem Zusammenhang, nämlich bei der Begründung für die Abhängigkeit der Mitbestimmung von der Unternehmensgröße, ist der Unterschied zwischen personalisierter und bürokratischer unternehmerischer Willensbildung und Verantwortung als mitbestimmungsrechtlich erheblicher Differenzierungsgesichtspunkt fest etabliert. Sowohl die Sachverständigenkommission zur Auswertung der bisherigen Erfahrungen bei der Mitbestimmung als auch die Unternehmensrechtskommission heben hervor, erst von einer bestimmten Unternehmensgröße an würden die unternehmerischen Entscheidungsprozesse für die davon betroffenen Arbeitnehmer so anonym, daß eine institutionelle Mitbestimmung notwendig werde. Da die Anonymität der unternehmerischen Entscheidungsprozesse, insbesondere der Verantwortlichkeiten, mindestens ebenso wie von der Größe des Unternehmens von der Existenz oder Nichtexistenz von Eigentümer-Unternehmern beeinflußt wird, drängt sich eine entsprechende Erklärung auch für die Beschränkung der Mitbestimmungspflichtigkeit auf Unternehmen in der Trägerschaft juristischer Personen auf. Man kann jedenfalls im Zusammenhang mit der für das MitbestG 1976 maßgeblichen *arbeitsrechtlichen* Begründung der Mitbestimmung[52] nicht widerspruchsfrei die Größe als Differenzierungsgrund anerkennen und die „Personenbezogenheit" als Differenzierungsgrund verwerfen. Zu Recht hat sich ein Teil der Unternehmensrechtskommission selbst de lege ferenda für ein Mitbestimmungsprivileg sog. personenbezogener Unternehmen eingesetzt[53].

Das wahrscheinlich größte Hindernis für eine breite Akzeptanz des Verständnisses der Mitbestimmung als des institutionalisierten sozialen Gewissens juristisch personifizierter Unternehmensträger liegt darin, daß

---

[50] Bundestags-Drucks. VI/334, S. 114 f.

[51] Bericht über die Verhandlungen der Unternehmensrechtskommission, 1980, S. 104.

[52] Vgl. dazu Bundestags-Drucks. VI/334, S. 56 ff. Dazu, daß jedenfalls dem BetrVG 1952 und dem MitbestG 1976 eine arbeitsrechtliche Begründung der Mitbestimmung zugrunde liegt, siehe *Ballerstedt* ZGR 1977, 133, 138 f.

[53] Bericht aaO (Fn. 51), S. 105. Vgl. auch BVerfGE 50, 290, 348 a. E.

die gesellschaftsrechtliche Praxis heute die Gleichsetzung der Personengesellschaft mit dem Regiment persönlich verantwortlicher Eigentümer-
Unternehmer nur noch bedingt zuläßt[54]. Die PublikumsKG bildet den
vorläufigen Schlußstein einer Entwicklung, die der Körperschaftsbildung
in Personengesellschaftsform so viel Raum gegeben hat, daß die Unter-
scheidung zwischen juristisch personifizierten Kapital- und nicht juristisch personifizierten Personengesellschaften mittlerweile als ungeeignet
gilt, Anknüpfungspunkt für die Befriedigung des Bedürfnisses nach ver-
schiedener rechtlicher Behandlung personalistischer und körperschaftli-
cher Strukturen der Unternehmensträger zu sein[55]. Schon dem Mitbestim-
mungsurteil des BVerfG, das ganz in dem hier zugrunde gelegten Sinne
die Besonderheit der mitbestimmungspflichtigen Kapitalgesellschaften in
dem „Auseinanderfallen vom Gebrauch des Eigentums und der Verantwortung für diesen Gebrauch" erblickt[56], ist entgegengehalten worden, es
stelle „die Form über die Substanz" und ignoriere weitgehend „die
Entwicklung der gesellschaftsrechtlichen Typenlehre"[57]. Nun ist die Mitbestimmung durchaus nicht das einzige Feld, auf dem die „Entwicklung
der gesellschaftsrechtlichen Typenlehre" die Sinnfälligkeit der unterschiedlichen Behandlung von Kapital- und Personengesellschaften in
Frage stellt. Im Steuerrecht etwa hat sie uns die Kuriosität beschert, daß
der Gesellschafter der Einmann-GmbH als schlichter Anleger eingestuft
wird, obwohl er die Geschicke des Unternehmens ausschließlich
bestimmt, während der Kommanditist der PublikumsKG als Mitunter-
nehmer figuriert, obwohl sein Einfluß auf das Unternehmen nicht weiter
reicht als der eines Publikumsaktionärs[58]. Eine ähnliche Ungereimtheit
bringt das erst Anfang 1986 in Kraft getretene Bilanzrichtliniengesetz, das
dem Einzelunternehmer und der Personengesellschaft in GmbH-Form
„gläserne Taschen" verordnet, während die PublikumsKG wegen der
angeblichen Verschränkung ihrer Sphäre mit der wirtschaftlichen Privat-
sphäre der Gesellschafter nach wie vor von der Publizitätspflicht befreit
ist[59]. Wenn aber der Gesetzgeber bis in die neueste Zeit hinein das mehr
oder weniger weitgehende „Auseinanderfallen vom Gebrauch des Eigentums und der Verantwortung für diesen Gebrauch" als ein *strukturelles
Sondermerkmal* der Kapitalgesellschaften betrachtet, dann darf man nicht

---

[54] Ausdrücklich in diesem Sinne z. B. *Kübler* aaO (Fn. 34), S. 410.
[55] Grundlegend *Lutter* AcP 180, 84 ff.; *Wiedemann* aaO (Fn. 40), S. 89 ff.;
kritisch dazu *Reuter* GmbHRdsch. 1981, 129, 134 ff.
[56] BVerfGE 50, 290, 348.
[57] *E. Rehbinder* ZGR 1979, 471, 479.
[58] Kritisch dazu *Walz*, Gutachten F zum 53. Deutschen Juristentag, 1980,
S. 95 ff.; vgl. auch *Kübler* aaO (Fn. 34), S. 275.
[59] Vgl. dazu *Kübler* aaO (Fn. 34), S. 259.

dem BVerfG vorwerfen, es ignoriere „die Entwicklung der gesellschaftsrechtlichen Typenlehre", sondern dann muß man anders herum der
„Entwicklung der gesellschaftsrechtlichen Typenlehre" bescheinigen, daß
sie unzulässige Wertungswidersprüche erzeugt[60]. Die Typenlehre hat sich
in den gesetzlichen Rahmen einzufügen, nicht umgekehrt das Gesetz an
die Typenlehre anzupassen, so daß das BVerfG die gesellschaftsrechtlichen Vorgaben der verfassungsrechtlichen Überprüfung des MitbestG
entgegen E. Rehbinder[57] zu Recht dem gesetzlichen Rahmen und nicht der
Typenlehre entnommen hat. Freilich darf man vor diesem Hintergrund
die gesellschaftsrechtliche Praxis und die auf ihr aufbauende Typenlehre
nicht unbekümmert fortsetzen, sondern muß sie mit dem gesetzlichen
Rahmen in Einklang bringen. Dazu gehört in allererster Linie, daß man
das „Auseinanderfallen vom Gebrauch des Eigentums und der Verantwortung für diesen Gebrauch", m. a. W. die körperschaftliche Struktur,
den Kapitalgesellschaften vorbehält. Wie an anderer Stelle ausführlich
begründet, läßt sich das de lege lata ohne weiteres dadurch bewerkstelli-
gen, daß man die Verweisung des § 54 BGB auf das Personengesellschafts-
recht wieder an ihrem historischen Zweck, der Verhinderung freier
Körperschaftsbildung, ausrichtet, anstatt die Körperschaftsbildung
außerhalb des Kapitalgesellschaftsrechts durch buchstabengetreue
Anwendung des § 54 BGB zu fördern und zu erleichtern[61]. Wem das
empfohlene Mittel – die Anerkennung eines zwingenden kurzfristigen
Austritts- und Abfindungsrechts analog § 39 BGB bei Mehrheitsherr-
schaft über das Gesellschaftsstatut – mit Rücksicht auf dessen Sprengkraft
gegenüber den verfaßten Familienunternehmen zu radikal erscheint[63],
sollte wenigstens mit Großfeld[64] aufgrund einer Zusammenschau der
§§ 22, 54 BGB den Mitgliedern nicht rechtsfähiger wirtschaftlicher Ver-
eine den Zugang zur Haftungsbeschränkung versperren. Soweit – so die
Vereinsdefinition des RG – „eine auf Dauer berechnete Verbindung einer
größeren Anzahl von Personen ..., die nach ihrer Satzung körperschaft-
lich organisiert ist, einen Gesamtnamen führt und auf einen wechselnden
Mitgliederbestand angelegt ist"[65], ein Unternehmen betreibt, wäre danach
je nach Art des Unternehmensgegenstandes – Grundhandelsgewerbe oder

---

[60] Zur methodischen Seite E. Meyer aaO (Fn. 30), S. 101 f.; zum konkreten
Problem Reuter GmbHRdsch. 1981, 129, 134 ff.
[61] Reuter, Gutachten B zum 55. Deutschen Juristentag, 1984, S. 47 ff.
[62] Reuter aaO (Fn. 61), S. 58 ff.
[63] Das trifft für das ganz überwiegende Fachschrifttum zu. Statt aller zuletzt
K. Schmidt JZ 1984, 771, 781 f.; antikritisch dazu Reuter, in: Festschrift für
Stimpel, 1985, S. 645, 662 ff.
[64] Zivilrecht als Gestaltungsaufgabe, 1977, S. 48 ff.
[65] So die Vereinsdefinition des RG, vgl. RGZ 143, 212, 213.

nicht Grundhandelsgewerbe – in haftungsrechtlicher Sicht eine OHG oder eine BGB-Gesellschaft mit Handelndenhaftung nach § 54 S. 2 BGB anzunehmen. Das Registergericht müßte den Antrag auf Eintragung als KG mangels Vorliegens einer „Gesellschaft" gem. § 161 HGB (Personenbezogenheit, Teilhabe der Gesellschafter mindestens an der Kontrollfunktion) ablehnen, bei nachträglicher Wandlung von der Gesellschaft zum Verein gem. § 142 FGG von Amts wegen löschen. Umgehungskonstruktionen wären nach allgemeinen Grundsätzen zu bekämpfen[66]; die notwendige Rechtssicherheit im Falle unrichtiger Eintragung oder verzögerter Austragung als KG wäre über § 5 HGB zu gewährleisten[67]. Der Abschreckungseffekt, den die unbeschränkte persönliche Haftung für die Unternehmensverbindlichkeiten auf unternehmensferne Gesellschafter ausübt, dürfte das „Auseinanderfallen vom Gebrauch des Eigentums und der Verantwortung für diesen Gebrauch" außerhalb des Kapitalgesellschaftsrechts tendenziell verhindern, so daß die Sonderbehandlung der Kapitalgesellschaften in steuer-, bilanz- *und* mitbestimmungsrechtlicher Hinsicht ihre Plausibilität wenigstens in etwa zurückerhält.

2. Vielfalt des Kapitalgesellschaftsrechts und Mitbestimmung

Die „Beibehaltung des geltenden Gesellschaftsrechts" äußert sich nicht nur in der Beschränkung der Mitbestimmungspflichtigkeit auf juristische Personen. Sie führt darüber hinaus dazu, daß die Mitbestimmungsintensität unterschiedlich ausfällt, je nachdem, welche juristische Person des Handelsrechts (= Kapitalgesellschaft) das Unternehmen trägt. Die Wurzel dieser Unterschiede liegt in der verschieden ausgeprägten Kompetenz der Gesellschafter in Geschäftsführungsangelegenheiten. Während die Aktionäre nach § 119 II AktG vorbehaltlich einer Anrufung durch den Vorstand von der Geschäftsführung ausgeschlossen sind, haben die GmbH-Gesellschafter nach den §§ 37, 46 Nr. 6 GmbHG ein uneingeschränktes Weisungsrecht gegenüber den Geschäftsführern[68]. Noch stärker als die Stellung der GmbH-Gesellschafter ist die der Komplementäre in der KGaA, die ohne Mitbestimmungseinfluß (§ 31 I 2 MitbestG)

---

[66] *Großfeld* aaO (Fn. 64), S. 58 f.

[67] Wenn man mit *Großfeld* aaO (Fn. 54), S. 48 nicht nur den Betrieb eines Handelsgewerbes, sondern auch das Vorliegen einer Gesellschaft im Gegensatz zum Verein zu den vom Registerrichter zu prüfenden Voraussetzungen rechnet, ist es folgerichtig, die Fiktionswirkung des § 5 HGB über das Vorliegen eines Handelsgewerbes (statt eines Nichthandelsgewerbes) hinaus auf das Vorliegen einer Gesellschaft (statt eines Vereins) zu erstrecken. Vgl. *Großfeld* aaO (Fn. 64), S. 57.

[68] BVerfG (E 50, 290, 346) und BGH (BB 1984, 9, 11) gehen auch für die mitbestimmte GmbH ohne weiteres vom Fortbestand dieses Weisungsrechts aus. Zur Gegenansicht vgl. Fn. 9.

unmittelbar die Geschäftsführung innehaben. Umstritten ist Art und Ausmaß der Geschäftsführungskompetenz der Genossen. Da § 27 I 2 GenG wie § 76 AktG den Vorstand zur eigenverantwortlichen Unternehmensleitung beruft, dürfte dazu den Stimmen zu folgen sein, die den Genossen nur die Möglichkeit der satzungsmäßigen Zustimmungs-, nicht auch die des satzungsmäßigen Weisungsvorbehalts einräumen[69]. Wer sich an der „Wertentscheidung" orientiert, „die Arbeitnehmer über den Aufsichtsrat an den obersten personellen Führungsentscheidungen der Unternehmenseinheit sowie an der effektiven Kontrolle der Unternehmensleitung teilhaben zu lassen"[70], kann sich damit kaum zufriedengeben. Allzu handgreiflich ist, daß das Weisungsrecht der Gesellschafter in Einmann- oder (kooperationsfähigen) Wenig-Personen-GmbHs die „obersten personellen Führungsentscheidungen" und die „effektive Kontrolle der Unternehmensleitung" dem Mitbestimmungseinfluß entzieht, können die Gesellschafter doch unter solchen Umständen über das Weisungsrecht die Geschäftsführung an sich reißen. Das mag erklären, weshalb man gerade an dieser Stelle nicht nur auf den markantesten Aufstand der gewerkschaftlichen Mitbestimmungsliteratur gegen das Gesetz stößt[71], sondern selbst bei ausgesprochener Fachprominenz wie Säcker, Ulmer und Zöllner regelrecht willkürliche Kompromißformeln antrifft: Wieso ausgerechnet die „wichtigen und grundsätzlichen Angelegenheiten" aus der Mitbestimmung herausfallen[72], ist vom Ausgangspunkt dieser Autoren her schlechterdings nicht zu begrüßen. Typischerweise werden es im Gegenteil die wichtigen und grundsätzlichen Entscheidungen sein, in denen soziale Konsequenzen anstehen und bedacht werden sollten, so daß sich nach der Theorie der Werteabwägung (Gebot der praktischen Konkordanz) nicht eine Abschwächung, sondern eine Verstärkung des Mitbestimmungseinflusses anbietet. Stimmig wird die verschiedene Mitbestimmungsintensität je nach Art der zum Unternehmensträger berufenen Kapitalgesellschaft dagegen, wenn man wiederum auf den oben herausgearbeiteten Zweck der Mitbestimmung – Institutionalisierung eines „sozialen Gewissens" wegen geminderter persönlicher Verantwortlichkeit der Unternehmensleiter – zurückgreift. Das Weisungsrecht der GmbH-Gesellschafter ist dann im Prinzip mit dem Geltungsanspruch der Mitbestimmung verein-

---

[69] So *Geßler*, Festschrift für Reinhardt, 1972, S. 243 f.; a. A. *H. Westermann*, Festschrift für Reinhardt, 1972, S. 362.

[70] *Säcker* ZHR 148, 153, 159.

[71] Vgl. Fn. 9.

[72] *Säcker* ZHR 148, 153, 168 f. Fn. 92; *ders.*, Anpassung von Satzungen und Geschäftsordnungen an das Mitbestimmungsgesetz, 1976, 1977, S. 30 f. Fn. 4; in der Sache ebenso *Hanau/Ulmer* aaO (Fn. 5), § 30 Rdn. 20; *Zöllner* ZGR 1977, 319, 325 f.

bar, können die GmbH-Gesellschafter doch die Mitbestimmung lediglich in den Fällen – durch Übernahme der Geschäftsführung mittels des Weisungsrechts – neutralisieren, in denen das Unternehmen ein Einzel- oder Personengesellschaftsunternehmen in GmbH-Form darstellt, die Verantwortung für unsoziale Unternehmenspolitik also so personalisiert ist, daß die Disziplinierungskraft der sozialen Mißbilligung sich ohne institutionelle Mitbestimmung zu entfalten vermag. Wo die Größe und Heterogenität des Gesellschaftskreises die formalisierte Willensbildung in einer Gesellschafterversammlung unerläßlich macht, scheidet eine über die Aufstellung von Richtlinien und die Beschlußfassung über wichtige Gegenstände hinausreichende Einmischung in die Geschäftsführung ohnehin praktisch aus. Gesellschafter mit beruflicher Bindung außerhalb der Gesellschaft lassen sich weder hinreichend oft noch hinreichend intensiv für die ernsthafte Wahrnehmung der Geschäftsführungsfunktion mobilisieren, ganz abgesehen davon, daß ein arbeitsfähiges Geschäftsführungsgremium einen kleinen informell kooperationsfähigen Personenkreis zwingend voraussetzt[73]. Freilich bleibt die Frage, wie es zu beurteilen ist, wenn die Gesellschafterversammlung einer in diesem Sinne kapitalistischen GmbH sich gerade in den Geschäftsführungsangelegenheiten mit sozialen Konsequenzen einmischt, um den mitbestimmten Aufsichtsrat und/oder den von diesem bestellten Vorstand „zur Ordnung zu rufen". In einem solchen Fall hat die Geschäftsführung sicher grundsätzlich der Weisung zu folgen. Die Aufrechterhaltung des Weisungsrechts zeugt davon, daß der Mitbestimmungsgesetzgeber den GmbH-Gesellschaftern – anders als den Aktionären – regelmäßig genügend Unternehmensnähe zutraut, um auf ein gutes soziales Image des Unternehmens bedacht zu sein. Immerhin wird man der Geschäftsführung das Recht zubilligen können und müssen, nicht nur das wirtschaftliche Wohlergehen, sondern auch die Sozialbindung der Gesellschaft gegen ausnahmsweise durchbrechende „gesellschaftsfremde Sonderinteressen" der Gesellschafter zu verteidigen[74]. Die Möglichkeit dazu bietet die auch sonst anerkannte analoge Anwendung der §§ 241 ff. AktG auf die Beschlüsse der GmbH-Gesellschafterversammlung[75]. Soweit die Gesellschafterver-

---

[73] Auf die „Natur der Sache" als Grenze für die Usurpation der Geschäftsführung mittels des Weisungsrechts weist auch *Zöllner* ZGR 1977, 319, 326 hin.

[74] Ähnlich schon *Ulmer*, Der Einfluß des Mitbestimmungsgesetzes auf die Struktur von AG und GmbH, 1979, S. 49.

[75] Letzte umfassende Darstellung bei *Baumbach/Hueck-Zöllner*, GmbHG, 14. Aufl. 1985, Anhang nach § 47. Freilich sollte die Analogie zu den §§ 241 ff. AktG auf die Fälle beschränkt werden, in denen die Willensbildung der GmbH-Gesellschafter AG-ähnlich formalisiert ist, vgl. MK-*Reuter* aaO (Fn. 37), § 32 Rdn. 32; dagegen aus Praktikabilitätsgründen *K. Schmidt*, Festschrift für Stimpel, 1985, S. 216, 231.

sammlung das soziale Ansehen der Gesellschaft schädigende Weisungsbe-
schlüsse faßt, sind diese analog § 243 II AktG durch Anfechtungsklage
vernichtbar; die Anfechtungsbefugnis der Geschäftsführung besteht analog § 245 Nr. 4 AktG[76]. In der mitbestimmten eG kommt aus strukturellen Gründen von vornherein ausschließlich die punktuelle Intervention
der Generalversammlung in die Geschäftsführung des Vorstands in
Betracht. Da § 51 GenG, die Vorschrift über die befristete Anfechtungsklage gegen Generalversammlungsbeschlüsse, nach ganz h. M. analog
§§ 241 ff. AktG konkretisiert wird[77], läßt sich der Anspruch der Mitbestimmung hier ebenso zur Geltung bringen wie in der GmbH mit großem
und heterogenem Gesellschafterkreis. Die vollkommene Mitbestimmungsfreiheit der Geschäftsführung in der KGaA schließlich entspricht
nach Inhalt und Begründung der Mitbestimmungsfreiheit der Personengesellschaft: Hier existieren – so jedenfalls die h. M.[78] – in Gestalt der
Komplementäre natürliche Personen, die – durch keinerlei Schleier der
juristischen Person geschützt – unmittelbare Adressaten der sozialen
Erwartungen und Sanktionen sind, so daß sich eine institutionelle Mitbestimmung jenseits der im Kern schon im BetrVG (§§ 106 ff.) vorgesehenen
Teilhabe von Arbeitnehmervertretern an den wirtschaftlichen Informationen erübrigt.

Die Abstufung der Mitbestimmungsintensität je nach *typischer* Unternehmensferne oder -nähe der Gesellschafter in den verschiedenen
Erscheinungsformen der juristischen Personen des Handelsrechts wird
ergänzt durch eine solche Abstufung je nach *realer* Unternehmensferne
oder -nähe. Das gilt nicht nur für die GmbH, für die die Neutralisierung
der Mitbestimmung infolge der Übernahme der Geschäftsführung durch
den oder die Gesellschafter ihre Rechtfertigung in der persönlichen
sozialen Verantwortlichkeit des Eigentümer-Unternehmers findet, sondern auch für die AG. Wer als Großaktionär die Anteilseignerbank im
Aufsichtsrat mit Personen seines Vertrauens besetzt, den Aufsichtsrats-
vorsitz übernimmt und notfalls mittels des Zweitstimmrechts den Vorstand seiner Wahl durchsetzt, schiebt den schützenden Schleier der
juristischen Person beiseite. Er wird zum Adressaten der sozialen Kritik
seitens der unternehmensinternen und -externen Öffentlichkeit, kaum
anders, als wenn er Einzelkaufmann oder Komplementär wäre. Nicht zu

---

[76] Die analoge Anwendbarkeit des § 245 Nr. 4 AktG im GmbH-Recht ist
umstritten. Wie hier *Baumbach/Hueck-Zöllner* aaO (Fn. 75) Anhang nach § 47
Rdn. 75; *Scholz / K. Schmidt*, GmbHG, 6. Aufl. 1981, § 45 Rdn. 98; dagegen
BGHZ 76, 154, 159 (jedoch ohne Berücksichtigung der Mitbestimmung).

[77] Vgl. *K. Schmidt* aaO (Fn. 75), S. 226.

[78] Zur Beschränkung der Komplementärfähigkeit auf natürliche Personen vgl.
die Nachweise und Gegennachweise bei *Hanau/Ulmer* aaO (Fn. 5), § 1 Rdn. 40.

folgen ist danach der Ansicht, das Zweitstimmrecht des Aufsichtsratsvorsitzenden könne allein zur Überwindung die Unternehmensexistenz gefährdender Pattsituationen eingesetzt werden[79]. Das „Mitbestimmungstelos" verlangt die ohnehin schwerlich praktikable[80] Einschränkung nicht, weil die Ausübung des Zweitstimmrechts *exponiert*, also die etwaige Durchsetzung des Anteilseignerstandpunktes mit der persönlichen Folgenverantwortung bezahlt. Das wirkt der Tendenz nach um so mehr auf Zurückhaltung hin, je geringer die Identifikation mit den Wünschen der Anteilseigner ist. In einer PublikumsAG wird vom Aufsichtsratsvorsitzenden im allgemeinen nicht erwartet, daß er sich als besonders verläßlicher „Parteigänger" profiliert. Vielmehr sucht man eine Persönlichkeit, die durch sachbezogene Argumente zu überzeugen und durch faire Verhandlungsleitung zu integrieren versteht. Dafür sorgt nicht zuletzt, daß die Hauptversammlung der Publikums-AG die Anteilseignervertreter im Aufsichtsrat zwar wählt, aber typischerweise nicht die Kandidatenauswahl trifft. Letzteres tut im Benehmen mit den Altmitgliedern des Aufsichtsrats der Vorstand, der nichts weniger brauchen kann als einen Aufsichtsrat, der ohne zwingenden Grund Spannungen im Unternehmen und Unruhen in der Belegschaft erzeugt[81]. In der von einem (natürlichen) Großaktionär beherrschten AG mag es bisweilen anders sein, weil dieser die Aufsichtsratsmitglieder auswählt und womöglich mehr dem Herr-im-Hause-Standpunkt als dem Bemühen um Konsens zuneigt[82]. Aber insoweit rücken eben „Gebrauch des Eigentums und Verantwortung für diesen Gebrauch" wieder enger zusammen; das legitimiert ausweislich der Mitbestimmungsfreiheit des Personenunternehmens die Abschwächung der Mitbestimmungsintensität.

3. Unternehmensinteresse und Mitbestimmung

Die „Beibehaltung des geltenden Gesellschaftsrechts" bedeutet schließlich eine Absage an alle Versuche, aus der Mitbestimmung einen (partiellen) Wandel des Gesellschaftsrechts zum sog. Unternehmensrecht abzuleiten[83]. Als institutionalisiertes soziales Gewissen der Unternehmensleitung verwandelt die Mitbestimmung das Unternehmen nicht in eine Veranstaltung im gemeinsamen Interesse von Anteilseignern und Arbeitnehmern. Vielmehr sichert sie lediglich die generelle Sozialbindung des

---

[79] Vgl. Fn. 10.
[80] Vgl. dazu *Säcker* ZHR 148, 153, 171.
[81] Vgl. auch *Mestmäcker* aaO (Fn. 39), S. 91.
[82] Vgl. *Mestmäcker* aaO (Fn. 39), S. 89 f.
[83] Am ausgeprägtesten *Th. Raiser* BB 1977, 1461, 1462 f.

Unternehmenseigentums institutionell ab, wo die Voraussetzungen für ihre freiwillige Respektierung wegen des „Auseinanderfallens vom Gebrauch des Eigentums und der Verantwortung für diesen Gebrauch" nicht im wünschenswerten Maße erfüllt sind[84]. Das vielfach für das Gegenteil benannte Bayer-Urteil des BGH[85] weicht in Wirklichkeit nicht ab. Ausdrücklich erklärt der 2. Senat es dort für entbehrlich, zu den Thesen über das Unternehmen als eines interessenpluralistischen Sozialverbandes Stellung zu nehmen. Daß das Unternehmensinteresse – wie der Senat hervorhebt – nicht mit dem Interesse der Anteilseigner identisch ist, ergibt sich bereits unabhängig von der Mitbestimmung aus der Eigenart der AG als einer „überindividuellen Wirkungseinheit"[86]. Auch z. B. das Recht von Vorstand und Aufsichtsrat zur teilweisen Disposition über den Jahresüberschuß dient dem Ziel, das langfristige Interesse des Unternehmens gegenüber den kurzfristigen Renditeinteressen der Aktionäre zur Geltung zu bringen. Der Gesetzgeber zieht insoweit die Konsequenz daraus, daß die Aktionäre mit ihren wirtschaftlichen Interessen zu wenig eng mit dem wirtschaftlichen Interesse der AG verbunden sind, als daß man von ihnen ohne weiteres die Zukunftsvorsorge in Gestalt der Bildung von Rücklagen erwarten könnte, wie sie das Interesse des Rechtsverkehrs, insbesondere der Gläubiger der AG erfordert. Nicht beizupflichten ist danach der Auffassung, die Arbeitnehmervertreter im Aufsichtsrat seien nicht im gleichen Maße wie die Anteilseignervertreter zur Geheimhaltung verpflichtet[87]. Die Arbeitnehmervertreter im Aufsichtsrat sind nicht Interessenvertreter mit dem Auftrag, den Betriebsrat als den Interessenvertreter einer anderen Ebene zu unterstützen, sondern Mitglieder eines Innenorgans, das das Außenorgan, den Vorstand, zu einer Geschäftsführung im (ökonomischen und ideellen) Interesse der Gesellschaft anzuhalten hat[88]. Die Geschäftsführungskompetenz hat der Vorstand, der in eigener Verantwortung entscheidet, in welchem Umfang er den Betriebsrat an den Geschäftsgeheimnissen beteiligt und in welchem Umfang er wegen der Gefahr des Geheimnisverrats davon absieht. Wie er die Entscheidung trifft, mag den Arbeitnehmervertretern mißfallen. Das berechtigt sie jedoch nicht dazu, ihr Ermessen an die Stelle des Vorstandsermessens zu setzen und von sich aus den Betriebsrat von Geschäftsgeheimnissen zu unterrichten. Die Mittel des Aufsichtsrats zur Disziplinierung des Vor-

---

[84] Meinen abweichenden Ansatz in AcP 179, 509 ff. gebe ich auf.

[85] BGHZ 64, 325 ff.; überdehnte Interpretation des Urteils z. B. bei *Klinkhammer/Rancke* aaO (Fn. 11), S. 34 f.

[86] Instruktiv dazu *Flume*, Die juristische Person, 1983, S. 59 f.

[87] Vgl. Fn. 11, 12.

[88] Zutreffend *Säcker* aaO (Fn. 26), S. 47.

[89] Insoweit richtig *Klinkhammer/Rancke* aaO (Fn. 11), S. 47.

stands sind die interne Beanstandung, das Absehen von der Wiederbestellung und notfalls die Abberufung aus wichtigem Grund; eine Ersatzvornahme ist weder dem Aufsichtsrat als Organ noch einzelnen seiner Mitglieder gestattet[90]. Erst recht kommt nicht in Betracht, daß Arbeitnehmervertreter befugt sind, für sich die Geheimhaltungsbedürftigkeit einer Tatsache wegen überwiegenden Offenlegungsinteresses der Belegschaft zu verneinen. Als eigenverantwortliche Unternehmensleitung hat der *Vorstand* über die Geheimhaltungsbedürftigkeit einer Tatsache zu entscheiden, nicht der Aufsichtsrat oder gar einzelne Aufsichtsratsmitglieder[91]. Gewiß gilt diese Zuständigkeit nur in den Fällen, in denen objektiv Anlaß zur Annahme von Geheimhaltungsbedürftigkeit besteht. Man kann nicht – nur das besagt das Bayer-Urteil[85] – von vornherein alles für geheimhaltungsbedürftig erklären, was der Vorstand nicht ausdrücklich zur Veröffentlichung freigegeben hat. Andernfalls behindert man die Aufsichtsratsmitglieder in der sachgemäßen Ausübung ihres Amtes, die z. B. Nachprüfungen, Beratungen mit Sachverständigen außerhalb des Aufsichtsrats u. ä. verlangen und in diesem Rahmen auch Mitteilungen über Verhandlungsgegenstände der Aufsichtsratssitzungen notwendig machen kann[92]. Aber ganz sicher ausgeschlossen ist es, daß ein Aufsichtsratsmitglied – wie ernsthaft vertreten worden ist[93] – „geheime" Rationalisierungspläne nach außen tragen darf, um rechtzeitigen Widerstand der Belegschaft dagegen zu mobilisieren. Eine derartige Sichtweise verwechselt die Arbeiternehmervertretung im Aufsichtsrat mit einer Art Horchposten im feindlichen Lager; sie demonstriert besonders augenfällig, wie wenig die Idee vom interessenpluralistischen Unternehmen zur Disziplinierung politischer Vorverständnisse bei der Anwendung des Mitbestimmungsrechts beizutragen vermag. Freilich rechtfertigt die Absage an ein unternehmensrechtliches Verständnis der Mitbestimmung nicht den von den Vertretern der Theorie vom Torsocharakter des Mitbestimmungs-

---

[90] Für Pflichtverletzungen gegenüber dem Betriebsrat sieht das BetrVG im übrigen Sanktionen vor, vgl. *Säcker* aaO (Fn. 26), S. 47 f.

[91] Die Ansicht von *Klinkhammer/Rancke* aaO (Fn. 11), S. 35, der Aufsichtsrat sei „der geeignete Ort, das Unternehmensinteresse im jeweiligen Konfliktsfall zu diskutieren, zu formulieren und ggf. durchzusetzen", verstößt offenbar gegen § 76 AktG.

[92] BGHZ 64, 325, 331. Entgegen der Ansicht des BGH ist es allerdings nicht Sache der Aufsichtsratsmitglieder, die „Beziehungen und das Bild der Gesellschaft nach innen und außen günstig zu beeinflussen". Der Aufsichtsrat hat darauf zu achten, daß der Vorstand in diesem Sinne handelt, wobei der Vorstand einen Ermessensspielraum hat. Vgl. schon *Reuter* ZHR 144, 493, 494, 498; *Säcker* aaO (Fn. 26), S. 17.

[93] *Unterhinninghofen*, in: *Benze* aaO (Fn. 10), § 25 Rdn. 47. Zutreffend dazu *Lutter*, Information und Vertraulichkeit im Aufsichtsrat, S. 172, 186 ff.

rechts gezogenen Schluß, wirtschaftlich vernünftige (= dem Gesell-
schaftsinteresse dienliche) Blockaden der Mitbestimmung seien im Rah-
men der normalen gesellschaftsrechtlichen Gestaltungsfreiheit zulässig[94].
Auch der gesetzgeberische Wille zur Institutionalisierung eines sozialen
Gewissens duldet es nicht, die Mitwirkung der Arbeitnehmervertreter bei
der Besetzung des Geschäftsführungsorgans auf den formalen Akt der
Bestellung zu beschränken, während der Dienstvertrag zwischen dem
Bewerber und einem nicht mitbestimmten Gremium ausgehandelt wird[95].
Denn nicht allein die nackte Auswahl zwischen den Kandidaten, sondern
auch und nicht zuletzt die gebotenen Vertragsbedingungen entscheiden
darüber, wer Mitglied des Vorstands der AG bzw. der Geschäftsführung
der GmbH wird und bleibt. Wenn die Mitwirkung der Arbeitnehmer-
treter dafür sorgen soll, daß das Unternehmen eine auf wirtschaftlichen
Erfolg *und sozialen Ausgleich* bedachte Leitung erhält, muß sie nicht
allein das „Ob", sondern ebenso den Inhalt des Vertragsangebots beeinflussen können. Andernfalls besteht die Gefahr, daß der Inhalt des
Vertragsangebots nicht in dem notwendigen Maße auf die Wahl des
mitbestimmten Gremiums abgestimmt ist und diese daher zum Scheitern
bringt. Sicher trifft es zu, daß nach dem MitbestG 1976 (und erst recht
nach den §§ 76, 77 BetrVG 1952) die Anteilseignerseite wegen des Zweitstimmrechts des Aufsichtsratsvorsitzenden sich auch regulär, d. h. ohne
den Umweg über die Anstellungskompetenz eines nicht mitbestimmten
Gremiums, durchsetzen kann[96]. Aber sie muß es dann in der Konfrontation mit den Gegenargumenten der Arbeiternehmerseite tun. Zu Recht
hat die Sachverständigenkommission zur Auswertung der bisherigen
Erfahrungen bei der Mitbestimmung sich gerade davon einen Willensbildungsprozeß versprochen, der zur verstärkten Rücksicht auf soziale
Gesichtspunkte, bei der Besetzung des Geschäftsführungsorgans z. B. auf
deren Fähigkeit zur Menschenführung, Erfahrungen im Personalwesen
etc., führt[97]. Ganz selbstverständlich erfordert die Funktionsfähigkeit des
institutionalisierten sozialen Gewissens, daß die Arbeitnehmervertreter
Zugang zu den für die Unternehmensleitung wichtigen Informationen
haben. Deshalb dürfen gegen ihren Willen keine Aufsichtsratsausschüsse
für besondere Aufgaben geschaffen werden, die sich ausschließlich aus
Anteilseignervertretern zusammensetzen. Schließlich kann vom Ver-

---

[94] Vgl. Fn. 15.
[95] Vgl. die Nachweise zur Gegenmeinung in Fn. 17/18.
[96] So *Werner* aaO (Fn. 18), S. 821, 832.
[97] Bundestags-Drucks. VI/334, S. 106 f. Allerdings ist die dort empfohlene
Rechtspflicht der Mehrheit zur Begründung ihrer Entscheidung nicht Gesetz
geworden.
[98] Vgl. die Nachweise zur Gegenmeinung in Fn. 19.

ständnis der Mitbestimmung als Bestandteil des Normativsystems juristischer Personen her nicht zweifelhaft sein, daß gegen sie gerichtete, rechtswidrige Beschlüsse der Hauptversammlung der AG bzw. der Gesellschafterversammlung der GmbH im Sinne des § 241 Nr. 3 AktG wegen Verstoßes gegen das öffentliche Interesse nichtig sind[99]. Die Normativbedingungen des Rechts der juristischen Personen sind definitionsgemäß „Kautelen im öffentlichen Interesse"[100].

IV. Mitbestimmung unter Beibehaltung des Arbeits- und Wirtschaftsrechts

Die Mitbestimmung unter Beibehaltung des geltenden Arbeits- und Wirtschaftsrechts bestätigt zunächst die These, daß das Mitbestimmungsrecht die Zielsetzung des Unternehmens nicht verändert. Würde das Unternehmen durch die Mitbestimmung zu einer Veranstaltung im gemeinsamen Interesse von Anteilseignern und Arbeitnehmern, so ließe sich das Arbeitsrecht nicht mehr uneingeschränkt zugunsten der Arbeitnehmer mitbestimmter Unternehmen anwenden[101]. Der für die Betriebsrisikolehre konstitutive Satz von der Zuweisung der Risiken an denjenigen, dem der Vorteil zufließt, z. B. würde nicht mehr passen[102]. Und vor allem würde die Grundlage für die arbeitskampfweise Durchsetzung von Tarifforderungen entfallen. Die Tarifauseinandersetzung würde sich dann nämlich als Meinungsverschiedenheit darüber darstellen, welche Beteiligung der Arbeitnehmer am Unternehmensertrag dem gemeinsamen Interesse von Kapitaleignern und Arbeitnehmern am ehesten gerecht wird. Zur Durchsetzung eines Verhaltens der Unternehmensleitung im gemeinsamen Interesse von Anteilseignern und Arbeitnehmern ist aber ein Streik offenbar ungeeignet, läuft er doch darauf hinaus, daß man die Auseinandersetzung um gemeinschaftsgerechte Verhältnisse mit gemeinschaftswid-

---

[99] Vgl. die Nachweise zur Gegenmeinung in Fn. 20.

[100] Vgl. zum Verständnis des Gesetzgebers *Achilles/Gebhard/Spahn*, Protokolle der Kommission für die Zweite Lesung des Entwurfs des Bürgerlichen Gesetzbuches, Bd. 2, 1898, S. 458.

[101] Vgl. *Reuter* AcP 179, 509, 513 ff., 553 ff. Mit der Aufgabe des unternehmensrechtlichen Verständnisses der Mitbestimmung (Fn. 9) gebe ich auch die dort entwickelten Auffassungen auf. (Vgl. auch schon ZfA 1982, 461, 464.) Gegen sie schon *Zöllner*, Die AG 1981, 13, 19 Fn. 32.

[102] Vgl. *Löwisch*, in: Böhm/Briefs, Mitbestimmung – Ordnungselement oder politischer Kompromiß?, 1971, S. 131, 137 ff.; *Ehmann*, Betriebsrisikolehre und Kurzarbeit, 1979, S. 110; dagegen *U. Mayer*, Paritätische Mitbestimmung und Arbeitsverhältnis, 1976, S. 136 ff. (dazu schon *Reuter* AcP 179, 509, 557 Fn. 195).

rigen Mitteln bestreitet. Bei Meinungsverschiedenheit über das gemeinsame Beste darf nicht das größere Druckpotential, sondern muß das – notfalls von neutraler Seite verbindlich zu bestimmende – überzeugendere Argument entscheiden. Folgerichtig hat z. B. Biedenkopf die Zulässigkeit von Arbeitskämpfen mit dem Ziel der tarifvertraglichen Regelung betrieblicher und betriebsverfassungsrechtlicher Fragen verneint, weil der Betrieb ausweislich des § 2 I BetrVG eine Veranstaltung im gemeinsamen Interesse von Arbeitgeber und Belegschaft sei[103]. Bei genereller Verbindlichkeit des gemeinsamen Interesses von Anteilseignern und Arbeitnehmern entspricht dem die generelle Unzulässigkeit von Arbeitskämpfen[104]. Das Verständnis der Mitbestimmung als des institutionalisierten „sozialen Gewissens" der Unternehmensleitung läßt demgegenüber das Arbeitsrecht unberührt: Die Basis der Betriebsrisikolehre wird nicht dadurch beseitigt, daß „das Kapital" seine Chancen nicht rücksichtslos, sondern lediglich unter Beachtung der sozialen Belange der davon betroffenen Arbeitnehmer wahrnehmen darf. Die Pflicht der Unternehmensleitung zur sozialen Rücksicht heißt nicht Pflicht zur Förderung der Vermögens- und Sicherheitsinteressen der Belegschaft, so daß durchaus Raum für die Zurückweisung einschlägiger Forderungen durch die Unternehmensleitungen und umgekehrt für die Reaktion der Arbeitnehmerseite in Gestalt kollektiver Zurückbehaltung der Arbeitsleistung bleibt. Im Ergebnis beschränkt sich der Abstimmungsbedarf zwischen Mitbestimmungs- und Arbeitskampfrecht auf Randfragen, wie sie sich ähnlich auch im Verhältnis von Betriebsverfassungs- und Arbeitskampfrecht stellen[105], insbesondere darauf, ob nicht für den Arbeitskampf relevante Splitter der Mitbestimmungsbefugnis wegen der Nähe der Arbeitnehmervertreter zu den Gewerkschaften während des Arbeitskampfes ruhen müssen[106]. In der Konfrontation mit dem Wirtschaftsrecht würde die mitbestimmungsrechtliche Umwandlung des Unternehmens zu einer Veranstaltung im gemeinsamen Interesse von Anteilseignern und Arbeitnehmern Privilegien zum Ausgleich der Wettbewerbsnachteile notwendig machen, die durch die im Vergleich mit anderen Unternehmen geringere Fähigkeit zur Orientierung am ökonomischen Nutzen bedingt sind. In den WSI-

---

[103] Grenzen der Tarifautonomie, 1964, S. 313.

[104] Wer das Tarif- und Arbeitskampfrecht dennoch aufrechterhalten will, muß die typischen Regelungsgegenstände des Tarifvertrags analog § 77 III BetrVG aus der Mitbestimmung herausnehmen. Vgl. *Reuter* AcP 179, 509, 558 f.

[105] Vgl. dazu *Brox/Rüthers*, Arbeitskampfrecht, 2. Aufl. 1982, Rdn. 436 ff.

[106] In der Sache geht es vor allem um das Informationsrecht der Arbeitnehmervertreter im Aufsichtsrat, das dazu führen könnte, daß die Gewerkschaft sich im Arbeitskampf Zugang zu den Kampfplänen der Arbeitgeberseite verschaffen kann. Vgl. dazu *Hanau* ZGR 1977, 397, 404 f.; *Reuter* AcP 179, 509, 560 f.

Mitteilungen, dem Organ des Sozial- und Wirtschaftswissenschaftlichen Instituts des DGB, kann man über die Gründe für das Scheitern des kompromißlos als Veranstaltung im gemeinsamen Interesse von Anteilseignern und Arbeitnehmern konzipierten Modells Photo Porst lesen, entscheidend sei gewesen, daß man die in den erfolgreichen Jahren des Unternehmens entstandenen sozialen Besitzstände wegen der starken Stellung der Belegschaft nicht an die Erfordernisse der Krise habe anpassen können[107]. Wenn das eine verallgemeinerungsfähige Erfahrung ist (und nichts spricht dagegen), führt kein Weg an der Konsequenz vorbei, daß die von Gewerkschaftsseite propagierten interessenpluralistischen Unternehmen nur unter krisenfreien Bedingungen lebensfähig sind, es sei denn, die Allgemeinheit trägt im wesentlichen die Lasten der Krise, wie man es in der Vergangenheit im montanmitbestimmten Kohlebergbau und in der Gegenwart in der montanmitbestimmten Stahlindustrie beobachten konnte bzw. noch beobachten kann[108]. Das MitbestG 1976 hat demgegenüber nicht zuletzt um der uneingeschränkten „Wirtschaftsrechtstauglichkeit" der mitbestimmten Unternehmen willen[109] ein leichtes Übergewicht der Anteilseignerseite im Aufsichtsrat vorgesehen. Forderungen wie die nach einer restriktiven Beurteilung des Zweitstimmrechts des Aufsichtsratsvorsitzenden, um über die sozial verantwortungsbewußte Unternehmenspolitik hinaus eine interessenpluralistische zu gewährleisten, sind mit dieser gesetzlichen Intention nicht vereinbar[110].

Die Mitbestimmung unter Beibehaltung des geltenden Arbeits- und Wirtschaftsrechts ermöglicht ferner ein Urteil darüber, wo und wie die Mitbestimmung im Spannungsfeld von zwingendem, halbdispositivem und dispositivem Recht einzuordnen ist. Entgegen bisweilen vertretener Auffassung handelt es sich nicht um Arbeitnehmerschutzrecht, das nach dem Günstigkeitsprinzip beliebig durch Vereinbarung „verbessert" werden kann[111]. Auch den Arbeitnehmern ist nicht mit Unternehmensverfas-

---

[107] *Heinrich*, WSI-Mitteilungen 1983, 438, 442.

[108] Zum Kohlebergbau vgl. *Streckel*, Die Ruhrkohle AG. Entstehungsgeschichte und Zulässigkeit, 1973, S. 23 ff.; zur Stahlindustrie vgl. *Oberender/Rüter*, Ordo XXXVI (1985), S. 153 ff. (166 f., 171, 175). Zu Recht ist gegenüber der Behauptung, die Mitbestimmung habe im Kohlebergbau die Krisenbewältigung erleichtert, auf das Beispiel der Textilindustrie hingewiesen worden, die eine durchaus vergleichbare Strukturkrise im wesentlichen ohne staatliche Hilfen überwunden hat, vgl. Bundestags-Drucks. VI/334, S. 172 (Stellungnahme Dres. *Erdmann, Heintzeler, Kley*).

[109] Vgl. BVerfGE 50, 290, 352.

[110] Vgl. auch *Säcker* ZHR 148, 153, 171.

[111] In diesem Sinne wohl *Däubler*, Arbeitsrecht I, 1985, S. 587; *Fabricius*, Festschrift für Hilger-Stumpf, 1983, S. 155, 162; dagegen die h. M., vgl. zuletzt *Beuthien* ZHR 148, 95 ff. mit Nachweisen.

sungen gedient, die die Prämissen wichtiger arbeitsrechtlicher Institutionen beseitigen und die Anpassungsfähigkeit der Unternehmen an wechselnde Marktanforderungen beeinträchtigen. Vielmehr ist die Mitbestimmung ein Baustein des Gesellschaftsrechts, der am numerus clausus der gesellschaftsrechtlichen Typen teilnimmt. Wo und mit welcher Zielsetzung die Vereinigungsfreiheit durch Normativbedingungen begrenzt werden soll, kann nur der Gesetzgeber als Sachwalter des dafür maßgebenden öffentlichen Interesses entscheiden. Mitbestimmungsrecht ist also nach unten und oben zwingendes Recht. Gewiß ist nichts dagegen einzuwenden, daß die Aktionäre einer AG oder die Gesellschafter einer GmbH Arbeitnehmer oder Gewerkschaftsfunktionäre als *ihre* Vertreter in den Aufsichtsrat wählen, wenn sie sich davon positive Wirkungen versprechen[112]. Auch kann der Gesellschaftsvertrag einer GmbH wegen der insoweit bestehenden Gestaltungsfreiheit vorsehen, daß die Bestellung der Aufsichtsratsmitglieder ganz oder z. T. durch Wahlen der Belegschaft und/oder Entsendung seitens im Unternehmen vertretener Gewerkschaften geschieht[113]. Aber die Arbeitnehmer bzw. Gewerkschaften können dadurch niemals ein Recht im Sinne einer Position zur Wahrnehmung von Arbeitnehmerinteressen erwerben; sie bleiben stets der Gesellschaft verpflichtet, deren Zweck durch den Gesellschaftsvertrag bestimmt wird. Nichts hindert die GmbH-Gesellschafter von Rechts wegen ferner daran, den Vertrag mit der dafür vorgesehenen Mehrheit der Stimmen nach Belieben zu ändern. Einen berechtigenden Gesellschaftsvertrag zugunsten Dritter gibt es im GmbH-Recht schon deshalb nicht, weil die Gesellschafterversammlung als *Innenorgan* keine Rechte außenstehender Dritter gegenüber der GmbH begründen kann[114]. Zu erwägen ist allenfalls, ob sich GmbH-Gesellschafter und/oder Aktionäre nicht gegenüber einer Gewerkschaft oder gegenüber (Teilen) der Belegschaft schuldrechtlich verpflichten können, (zusätzliche) Arbeitnehmer oder Gewerkschaftsfunktionäre in den Aufsichtsrat zu wählen. In der Tat ist die Zulässigkeit des Stimmbindungsvertrags vielfach der archimedische Punkt, von dem aus die Schranken für die Schaffung echter Rechte Dritter im Gesellschaftsvertrag der GmbH bzw. in der Satzung der AG aus den Angeln gehoben werden[115]. Dabei wird indessen nicht genügend beachtet, daß die Zulässigkeit von Stimmbindungsverträgen engen Grenzen unterliegt. Sie

---

[112] BGH DB 1975, 1548, 1549; *Fabricius* aaO (Fn. 111), S. 155, 156 f.

[113] OLG Bremen NJW 1977, 1153; *Hommelhoff* ZHR 148, 118, 120 ff.

[114] Vgl. dazu *Reuter* ZHR 145, 273, 280 ff.; im Ergebnis ebenso *Flume*, Festschrift für Coing II, 1982, S. 97, 102 ff. Zu weiteren Grenzen vgl. *Hommelhoff* ZHR 148, 118, 120 ff.

[115] *Fabricius* aaO (Fn. 111), S. 155, 167; vgl. auch *Hommelhoff* ZHR 148, 118, 140 Fn. 70.

sind nach allg. M. gemäß § 138 I BGB nichtig, wenn sie zu gesellschafts-
schädigendem Stimmrechtsgebrauch verpflichten[116]. Eben das ist bei Mit-
bestimmungsvereinbarungen zumindest dann der Fall, wenn damit
erreicht werden soll, daß die Unternehmen von Veranstaltungen im sozial
verantwortungsbewußten Dienst am Ziel größtmöglicher Rentabilität zu
Veranstaltungen im gemeinsamen Interesse von Anteilseignern und
Arbeitnehmern werden. Denn eine solche Intention macht die Stimmbindungsverträge zu Instrumenten, die dem vom Interesse der Gesellschafter
unstreitig verschiedenen Sonderinteresse der Arbeitnehmer zu größerer
Durchsetzungskraft verhelfen. Nur am Rande sei notiert, daß so gewich-
tige Autoren wie Flume und K. Schmidt Stimmbindungsverträge zugunsten von Nichtgesellschaftern überhaupt für unzulässig halten, soweit der
Nichtgesellschafter nicht ausnahmsweise wirtschaftlich als Gesellschafter
anzusehen ist[117].

Die Beibehaltung des geltenden Arbeits- und Wirtschaftsrechts bildet
schließlich den Anknüpfungspunkt für die Einordnung der Funktion, die
der Gesetzgeber den Gewerkschaften im Rahmen der Mitbestimmung
zugedacht hat. Entgegen bisweilen vertretener Ansicht haben die
Gewerkschaftsvertreter im Aufsichtsrat kein Mandat, die wirtschaftliche
und/oder politische Macht von Unternehmen zu kontrollieren[118]. Weder
hängt die Mitbestimmungspflichtigkeit von Marktmacht oder politischer
Macht des betroffenen Unternehmens ab noch ist sie zu einer derartigen
Kontrolle überhaupt geeignet. Bereits die Sachverständigenkommission
zur Auswertung der bisherigen Erfahrungen bei der Mitbestimmung hat
festgestellt, die Mitbestimmung habe in diesem Punkt versagt[119]. Mehr
noch: Alles spricht dafür, daß das Machtstreben der Unternehmen sich
durch die Mitbestimmung sogar verstärkt. Die Entstehung wirtschaftlicher (Markt-)Macht lockert die Abhängigkeit vom Markt und verringert
damit die aus Arbeitnehmersicht unerwünschten Anpassungszwänge; die
Fähigkeit zur Einwirkung auf die politischen Instanzen erhöht – wie die
Montanindustrie zur Genüge beweist – die Chancen auf Subventionen auf
Kosten der Allgemeinheit. Im übrigen ist die Gefahr der Korrumpierung
des politischen Willensbildungsprozesses durch irreguläre Einflüsse parti-
kulärer Interessen gewiß ein ernstes Problem. Aber diese Gefahr droht
nicht nur aus der Wirtschaft, sondern auch von den Gewerkschaften. Die
geeignete Therapie dagegen ist die Sicherung der Unabhängigkeit der

---

[116] BGH NJW 1951, 268; MK-*Reuter* aaO (Fn. 37) § 32 Rdn. 21.
[117] *Flume* aaO (Fn. 86), S. 243 f.; *Scholz / K. Schmidt* aaO (Fn. 76) § 47 Rdn. 41;
zustimmend schon MK-*Reuter* aaO (Fn. 37) § 32 Rdn. 21.
[118] *Benze* u. a. aaO (Fn. 90) Einl. Rdn. 2 ff.
[119] Bundestags-Drucks. VI/334, S. 89 f.

politischen Instanzen, nicht die Intervention in das Kräfteverhältnis der konkurrierenden intermediären Mächte[120]. So bleibt den Gewerkschaftsvertretern im Aufsichtsrat allein die Rolle, die der Gesetzgeber ihnen nach der Entstehungsgeschichte einräumen wollte, nämlich die, in die Aufsichtsratsarbeit die Rücksicht auf das langfristige Arbeitnehmerinteresse einzubringen, das ihm durch eine reine Belegschaftsvertretung nicht hinreichend repräsentiert erschien[121]. Bis heute nicht überzeugend beantwortet sind allerdings die Fragen, die sich daraus ergeben, daß die Gewerkschaftsvertreter in ihrer Doppeleigenschaft als Gewerkschafts- und Unternehmensfunktionäre entgegengesetzten Verhaltensanforderungen ausgesetzt sein können. Zwar steht im Ausgangspunkt fest, daß sie ihr Amt nicht zu gewerkschaftsspezifischen Zwecken benützen dürfen; es gilt der Grundsatz der gleichen Rechte und Pflichten der Aufsichtsratsmitglieder, deren Maßstab das Unternehmensinteresse ist[122]. Doch fehlt es noch mehr als im Zusammenhang mit dem verwandten Problem des Verhältnisses von Gewerkschaften und Betriebsverfassung bzw. Personalvertretung[123] an institutioneller Absicherung. Wie – so fragt man sich – soll sich ein Gewerkschaftsvertreter im Aufsichtsrat eigentlich dem Ansinnen von Auskünften über die geheimen Pläne der Arbeitgeberseite für einen drohenden Arbeitskampf entziehen, wenn die Gewerkschaft – wie nach dem MitbestG 1976 – die Wiederwahl nach Belieben verhindern kann? Wie sieht es aus, wenn der Gewerkschaftsvertreter zugleich zu den Organisatoren des Arbeitskampfs zählt, kann man doch schwerlich verlangen, daß er dabei sein als Aufsichtsratsmitglied erworbenes Wissen einfach vergißt? De lege lata ist dem wohl kaum befriedigend beizukommen. Die nach geltendem Recht mögliche Konfliktlösung in Gestalt einer Inkompatibilität zwischen Aufsichtsratsmandat und Zugehörigkeit zur Streikleitung ist ein formaler Notbehelf, der – wie die Entwicklungsgeschichte des Rechts der verbundenen Unternehmen belegt – den materiellen Interessenkonflikt nicht löst[124]. Da ist es schon besser, wenngleich konfliktträchtiger, das Informationsrecht der Gewerkschaftsvertreter (und wohl auch der sonstigen Arbeitnehmervertreter) im Hinblick auf tarif- und arbeitskampfpolitisch relevante Daten zu beschränken[125]. Die Rechtfertigung vor dem Grundsatz der gleichen Rechte und Pflichten der Aufsichtsratsmitglieder folgt aus der Interessenkollision. Die Suspendie-

---

[120] Vgl. dazu MK-*Reuter* aaO (Fn. 37) Vor § 21 Rdn. 61 ff.
[121] Bundestags-Drucks. VI/334, S. 107.
[122] *Hanau/Ulmer* aaO (Fn. 5) Einl. Rdn. 12; *Säcker* aaO (Fn. 26), S. 58 f.
[123] Vgl. dazu *Reuter*, in: Festschrift für G. Müller, 1981, S. 387, 392 ff.
[124] Zutreffend *Mestmäcker*, Recht und ökonomisches Gesetz, 1978, S. 162.
[125] So *Hanau* ZGR 1977, 397, 404.

rung von Rechten wegen Interessenkollision ist ein mehrfach positiviertes und anerkanntes verbandsrechtliches Prinzip[126]. Nicht so sehr läßt die lex lata den Anwender des Mitbestimmungsrechts im Stich, soweit es gilt, wirksam funktionswidrigem Gebrauch der Rechte entgegenzutreten. Der Gewerkschaftsvertreter im Aufsichtsrat erhält seine gesetzlichen Befugnisse wie die anderen Aufsichtsratsmitglieder, um das Geschäftsführungsorgan sachgerecht kontrollieren zu können, nicht, um im Interesse seiner Gewerkschaft – wie es in einem von (selbst als Gewerkschaftsvertreter im Aufsichtsrat tätigen) Gewerkschaftsjuristen verfaßten Anleitungsbuch heißt – „mehr Informationen über die Planung des Unternehmens und die Unternehmensstrategien bzw. Konzernstrategien zu ermitteln und in die Gewerkschaftsarbeit einzubringen"[127]. Bankenvertreter im Aufsichtsrat z. B., die analog dazu im Interesse ihrer Bank (des Kreditgeschäfts, des Effektengeschäfts) Informationen über die Planung des Unternehmens und die Unternehmensstrategien sammelten und in die Geschäftspolitik der Bank „einbrächten", wären wohl alsbald nach § 103 III AktG aus dem Amt entfernt. Dasselbe sollte nach § 103 III, IV AktG gegenüber den propagierten Verhaltensweisen der Gewerkschaftsvertreter (oder sonstiger Arbeitnehmervertreter) im Aufsichtsrat selbstverständlich sein. Freilich wird man den Unterschied zwischen Theorie und Praxis gerade hier nicht unterschätzen dürfen. Leider kann man nicht widersprechen, wenn die Verfasser des zitierten Anleitungsbuchs feststellen, die Durchsetzungschancen für ihr Konzept hingen „nicht zuletzt von den Machtverhältnissen im Unternehmen" ab[128]. Die darin anklingende Devise „Macht vor Recht" belegt einmal mehr die zunehmenden Schwierigkeiten des Rechts, sich in politisch brisanten Bereichen noch als Ordnungsfaktor zu behaupten.

---

[126] Vgl. MK-*Reuter* aaO (Fn. 1), § 34 Rdn. 1.
[127] *Kittner/Fuchs/Zachert*, Arbeitnehmervertreter im Aufsichtsrat, 1982, Rdn. 902.
[128] *Kittner/Fuchs/Zachert* aaO (Fn. 127) Rdn. 691.